长寿之乡如皋养生太极拳

长寿如皋　养生福地
平方之地　耍拳如意

杨嵩春　编著

人民体育出版社

太极大师傅钟文在无锡与弟子合影。右：周广涛，左：杨元明

太极名家傅声远赴无锡传艺，周广涛师陪伴接待。

与杨式太极拳亲族传人傅清泉相会于香港第九届国际武术赛。

与周广涛老师无锡合影。

1997年于武当山表演长寿之乡原地养生太极拳。

养生太极拳理事会暨研讨会。

2014年刘双俊先生荣获高龄组金奖（参赛项目为原地养生太极拳）。香港武术国际大赛组委会领导为其颁发“耆英奖”。

如皋市老年体协养生太极拳古稀队参赛交流剪影。

两岸民间武术交流。向妈祖杯武术比赛组委会赠送书法，组委会回赠锦旗。

2011年，时年88岁的唐耀忠老先生荣获妈祖杯武术赛“武坛耆英奖”。

如皋市老年体协多项健身项目在省民政厅《为老年人服务》项目全省招标会上中标。

中标项目之一，《原地养生太极拳》培训活动剪影。

红包献给百岁老人

本版《金皋乐天》供稿

养生太极拳

千余老年朋友出席启动仪式　汪如一　摄

民舞《如皋莲湘》

如皋民舞《倒花篮》

如皋

世界长寿之乡

本书摄影：汪如一　姚迪生　缪建国
朱瑞祥　耿有富　朱应中　刘炤松　沈如年

中国盆景之都

摄像：缪建国 朱瑞祥　耿有富
输入原地养生太极拳，搜索观看视频
网址：www.rglntx.com

《原地养生太极拳》靖海门河东晨练点

太极拳理妙无穷

吟诗击剑

内容提要

太极拳是中国传统武术文化中的瑰宝，已传播到全球，享有“世界第一健身品牌”的美誉。

太极拳博大精深，是一门学无止境、蕴含丰富哲理的文化拳、哲理拳。

原地养生太极拳以“松静自然”为宗旨。

练习时要注意做到以下几点：

心静——排除杂念、动中求静。

体松——全身放松、忌僵直、忌用拙力。

气和——初学只要做到自然呼吸，忌憋气，功深后逐步过渡到腹式深呼吸。

原地养生太极拳特点：

1. 原地练习，不受场地、时间限制，平方之地内，随时随地可练。

2. 简明易记，只需记忆八个式子名称。动作对称，同时练习，使身体得到全面平衡发展。

3. 练养结合，运动量因人而宜，自我调节。动作速度较其他流行套路更加缓慢；舍去高难动作，选取典型招式，安全性好，是为初学者及老年人量身定制的精炼拳架，也是引导大众与太极结缘的启蒙套路。

书中对太极拳的源流、各主要流派概况、古典拳论等都作了介绍，使读者对太极拳有一个扼要的认识。与太极拳为伴，将会提高习练者的生命质量，使其享受健康快乐人生，终身受益无穷。

目 录

序言一 …………………………………………………… （1）

序言二 …………………………………………………… （3）

无锡太极拳家周广涛师赠旧作习拳诗两首 ………… （5）

清华学子硕士拳友程浥禾赠诗一首、词一阙 ……… （5）

一、原地养生太极拳 ………………………………… （1）

（一）原地养生太极拳简介 ………………………… （1）
（二）对身体各部位的要求 ………………………… （2）
（三）练拳基本法则与具体细则 …………………… （3）
（四）套路动作名称 ………………………………… （5）
（五）套路动作图解 ………………………………… （6）

二、二十四式太极拳原地练习法 …………………… （39）

（一）定式方向说明 ………………………………… （39）
（二）重点解析 ……………………………………… （41）
（三）长寿之乡原地养生太极拳要拳歌诀 ………… （42）

三、太极杂谈 ………………………………… (44)

(一) 太极拳养生作用 ………………………… (44)
(二) 太极拳源流概述 ………………………… (46)
(三) 太极拳流派概况 ………………………… (48)
(四) 太极拳与书法 …………………………… (50)
(五) 初学太极拳宁精勿滥 …………………… (52)
(六) 太极拳是圆运动 ………………………… (53)
(七) 松静自然是太极拳之本 ………………… (54)
(八) 习练太极拳如何获得理想的养生保健效果 ……………………………… (54)
(九) 太极拳能促进癌症患者的康复进程 ……… (56)
(十) 太极拳加饮食有节是塑形减肥之良方 …… (58)
(十一) 耍拳如意享遐龄 ……………………… (59)
(十二) 养生太极推手漫谈 …………………… (60)

四、爱好者习练体悟 ………………………………… (62)

(一) 我爱上了太极拳 ………………………… (62)
(二) 七十五岁　结缘太极 …………………… (63)
(三) 古稀队的特色项目——原地养生太极拳 … (65)
(四) 太极拳已融入我们的生活 ……………… (66)
(五) 养成“三随”习惯练太极 ……………… (68)

五、太极拳古典拳论选粹 ………………………… (69)

(一) 张三丰《太极拳论》…………………… (69)
(二) 王宗岳《太极拳经》…………………… (70)

（三）十三势行功心解 ………………………… (71)
（四）乾隆旧抄本太极拳经歌诀七首 ………… (72)
（五）打手歌 ………………………………… (73)
（六）八字歌 ………………………………… (74)
（七）杨班侯传太极拳九诀 ………………… (74)
（八）郑悟清《太极拳之练法说明》………… (78)

跋语 ………………………………………… (79)

附录　弘扬太极养生　倡导绿色保健 ……… (81)

序 言 一

近年来，老年人健身已在神州大地蓬勃兴起，不仅参与的老年朋友越来越多，而且老年人运动养生的形式和内容也日益丰富多彩，各具特色。“生命在于运动”，“不仅要给生命以岁月，更要给岁月以生命”的道理已为广大老年朋友所接受。所谓运动养生，是通过适当的运动以流通气血、活动筋骨，促进人体脏腑组织功能正常运行，从而达到养生延年的目的。科学的运动养生方法在增进健康、延缓衰老、提高老年人身心素质等方面发挥了重要作用。

《原地养生太极拳》是如皋市老年人文体协会重点进行普及和推广的健身项目。数年来的实践证明，该项目简明易行，不需专门场地和器械，无花费，也无时间局限，随时随地都可以练起来，适应不同年龄层次人们的选择和需求。这种柔和的养生运动，只要坚持，必有好处。众多学员练习一两个月后，其身体素质即明显改善，已有越来越多的人们喜欢上这项运动。

江苏如皋是联合国卫生组织评估认证的世界长寿之乡。我们需要的是健康的长寿、快乐的长寿。广大老年人参与健身养生更有力地支撑着如皋的长寿态势持续健康地发展。如何健康？如何养生延年益寿？江苏省民政厅以为老年人服务为宗旨，开发了《老年人健康干预和健康促进》项目，全省公开招标，如皋市老年人体协积极响应并中标，《原地养生太极拳》亦为其中之一项。现在该培训教材经进一步完善将予付梓，希望向更多的老年人奉献这一简明易行的养生功法，此是有利于全民健身的一项创新之举。我们也期望通过《长寿之乡原地养生太极拳》的出版发行，为普及推广老年养生健身项目尽一份绵薄之力，并竭诚欢迎各方人士和朋友来长寿之乡如皋旅游休闲，交流养生保健心得，共同书写健康快乐的璀璨人生。

如皋市老年人文化体育协会主席　周金仁

如皋市老年人文化体育协会首席顾问　汪如一

2016 年 9月

序 言 二

太极拳以《易经》哲理为指导，融养生与技击为一体，是我国传统武术中的宝贵遗产，历史悠久，博大精深。时代在前进，太极拳运动也正在深入普遍地开展。然而从实际情况看，太极拳运动的普及率还较低。为适应当今信息时代信息量大、工作节奏快，人们急需多种形式的简明易学而又花时少、效果好的养生保健方式的需要，太极拳本身也应有所创新。为此，杨嵩春先生根据传统太极拳精义，结合自己长期练拳的实践及研究太极养生文化四十余年的心得，在传统太极拳的基础上，提炼浓缩，创编了《原地养生太极拳》，作为引导初学者与太极拳结缘的普及性套路，以此引发学习者的兴趣，从而进一步深入学习，真正进入太极之门。《原地养生太极拳》既保留了传统太极拳的精义，又具有自身特色。首先，练习此套路强调以“养生”为主，要求做到练养结合；其次，此套路简明易记，全套二十个拳式，但只需要记忆八个式子名称；最后，该套路无高难度及跳跃动作，特别适合中老年人习练。当今已非过去的冷兵器时代，运用太极拳养生健身，已是时代前进的主流趋势。太极拳一方面需要各流派传人及职业拳家刻苦磨炼和研讨；另一方面更需要广大群众的参与，普及与提高应很好地结合起来。《原地养生太极拳》作为普及性套路，比较容易为人们所接受，也将有助于促进全民健身活动，故乐为之序。

周志成

2005年7月

[序文作者为形意、太极拳家，
如皋市武术协会主席]

无锡太极拳家周广涛师赠旧作习拳诗两首

之一

昔时太极少当真，
半叙闲情半养生。
天命之年始有觉，
功成人后志弥勤。

之二

年交花甲号周吹，
与人与己莫自唯。
礼尚往来求知己，
两三结伴好敲推。

清华学子硕士拳友程浥禾赠诗一首、词一阙

水绘园耍拳

一夜风雨一路泞，
一片霏霭一丛青。
一座庭院一迴廊，
一人独耍一鸟鸣。
一阵低语一声笑，
一对情侣一伞行。
一趟太极一时辰，
一身微汗一身轻。

临江仙·秋日拳韵

遍地落花不忍看，
转头漫山枫红。
拈来一叶饰前胸，
几番游客过，
笑说老顽童。

霜色染鬓催人老，
秋来春去匆匆。
太极作伴意情浓，
清风长拂面，
拳我两融融。

一、原地养生太极拳

（一）原地养生太极拳简介

原地养生太极拳以“松静自然”为宗旨，完全遵循传统太极拳之精义。编者在参酌多种太极拳套路的基础上，对拳式进行提炼浓缩，选择出最具代表性的精要拳式，经精心安排和反复演练而定型，既保留了传统太极拳的精髓及风格，又具有自身之特色。

“轻而不浮，柔中寓刚，松而不懈，缓中有韵”是练习原地养生太极拳的总体要求。全套动作轻柔松缓，圆活自然，起承转合，连绵不断。练习时的运动量可因人而异，应以养生为本，注意练养结合，自我进行调适，循序渐进地增大运动量，以练习后自我感觉良好为度。该拳套路简明易记，只需记住八个式子名称，因此又名八式养生太极拳，另再加起式与收式。八式学完，再习反式，动作相同，唯方向相反。正方向拳式熟练后，稍稍练习，就能学会反向八式。正八式练习完毕，接着练习反八式。打一套拳的运动时间为6～8分钟。养生宜慢练，时间还可以再长些。由于正式与反式同时练习，能使人的中枢神经系统及身体各部位全面均衡地得到锻炼，特别对提高中枢神经的协调能力大有裨益，养生效果会更好。该套路基本属于定步性质，对场地要求不高，家庭客厅内、办公室内甚至阳台上，均可进行习练。该套路亦无高难度及跳跃性动作，特别适合体弱及中老年人习练。实际上，因其动作自然柔和，只要非急性发作之病，无论男女老幼，体质强弱与否，均适宜进行练习。如果拳架放低，行拳速度放慢，其运动量又可达到相当大的程度。练习原地养生太极拳，又十分强调“动中求静”这一原则，并要贯彻始终。起式须待体松心静、排除杂念后才能开始行拳，收式亦须心意平静、气息平和之后再结束。也就是说，开始时和结束前都要求做预备式站桩，各需一分钟左右，时间长一点更好。全套动作连绵不断，两腿虚实变换，两臂圆活运转，合乎生理，顺乎自然，起承转合，符合太极阴阳变化之理。“静极生动”“动中求静”“一动无有不动”“一静无有不静”，练拳达此境界，其养生效果无疑也将达到最佳境界。

（二）对身体各部位的要求

（1）头：头颈自然正直，下颏微内收。古拳论术语为“虚领顶劲”。口自然闭合，舌抵上颚。

（2）肩：自然放松，勿高耸，两臂似有重物系之。

（3）肘：自然下坠，勿抬肘。

（4）胸：自然放松，勿故意挺胸，也勿明显内收。

（5）背：自然放松舒展，勿故意驼背。

（6）腰：自然放松，运动时以腰为轴，灵活运转，带动四肢。

(7) 脊：立身中正，使头顶与尾闾上下对正，处于生理自然垂直状态。

(8) 臀：松垂收敛，勿后凸。

(9) 胯：自然松沉，转动灵活。

(10) 膝：自然放松，微微屈曲，似直非直，避免僵直，屈蹲时膝关节与脚尖基本同向。

(11) 手：手指自然舒展，掌心自然内凹。勿并紧，也勿用力张开。握拳时，拇指肚贴于中指中节上，宜虚松，勿太紧。

(三) 练拳基本法则与具体细则

1. 基本法则

太极拳有其独特的运动法则。在武术范畴内，太极拳属于内家拳，与外家如少林拳之类有明显区别，更不同于体操等通常所见的各种体育运动。习练太极拳要求全身放松、心神安静、精神专一、用意不用力，尤其反对用拙力和僵力，自然柔和地做各种圆弧状运动。运动时的基本法则可概括如下：

(1) 心静——习练时要求排除杂念，精神专一。用意识引导动作，就能使思想逐步地、渐而不知不觉地集中起来。“守虚静，致静笃”，行拳须自始至终遵循这一原则。

(2) 体松——要求全身肌肉、关节处处放松，忌僵直，忌用拙力，不使有分毫拙力滞留以自束缚，则气血通畅，流注全身，自能轻灵变化，圆转自如。

(3) 气和——初学以自然呼吸为宜，忌憋气，憋气则可能会造成缺氧，对身体有害。功深后可逐步地自然过渡到腹式呼吸，即所谓“气沉丹田”。养生宜慢练，慢则呼吸深长，自然能气沉丹田，而非硬压之意。硬压可能产生流弊，“气以直养而无害”，养气即顺乎自然之意。

2. 具体细则

以上是练拳的三个基本法则。如违背以上法则，则非太极拳也，只能称为太极体操。进一步细化，还可详述为如下五条具体细则。

(1) 轻柔松缓，圆活自然。“一举动，周身俱要轻灵”，初学应先从“轻”字入手，全身放松，以柔求刚，极柔软，而后才能练出极坚刚。动作圆活自然，则气血畅通，周流全身。日日贯输，恒久练习，则能得太极之真正内劲。

(2) 速度均匀，连绵不断。每一动作都有起承转合，既要有起承转合之韵味，又要求衔接连贯、速度均匀、贯串一气。运劲如抽丝，无使有缺陷处，无使有断续处，无使有凹凸处。

(3) 分虚实。如全身坐在右腿，则右腿为实，左腿为虚，反之亦然。虚实能分，则转动轻灵，毫不费力，如不能分，则迈步滞重，自立不稳。虚实会在一定条件下转化，互相渗透，互为其根，其妙用在“实中有虚，虚中有实”。一处有一处虚实，处处总此一虚实。

(4) 周身一家。运动时要求做到：“一动无有不动，一静无有不静”。其根在脚，发于腿，主宰于腰，形于手指，由脚而腿而腰，总须完整一气。这样就达到了周身一家，亦即全身协调性地同时运动的要求。

(5) 动中求静。太极拳主张“以静御动”“虽动犹静”。这种“动中求静”的练法是太极拳具有养生保健功效的重要因素之一。在运动中求“虚静”，当人体处于高度的放松及入静状态中，人的触觉会越来越灵敏，人体的潜意识也将得到强化。人体的各项生理活动也处于最佳功能状态。正是由于以上的独特运动法则而使太极拳独树一帜并具有养生保健之功效。

（四）套路动作名称

无极式（预备式）
起　式
1. 野马分鬃
2. 斜飞式
3. 顶肘撇身锤
4. 搂膝拗步
5. 仙猿献果
6. 揽雀尾
7. 云　手
8. 十字手
收　式
无极式

以下为反向八式，名称相同，唯动作方向相反，图解说明只要将左右互换一下即可。

（五）套路动作图解

正向练习图解

无极式（预备式）

两足平行开立，约与肩同宽。两腿自然伸直，但不要僵硬挺立，膝关节有似直非直之感。两臂自然下垂，两掌放于大腿外侧，手指自然舒展。头部自然正直，似有顶劲向上，传统术语谓：虚领顶劲和顶头悬，目平视。此时全身放松，排除杂念，意念集中，身心均进入松静状态。初学者易忽视此式，因此一开始就要注意做到精神内固，一任自然，虽静犹动，内外合一。为整个套路练习创造良好的开端。（图 1）

图1

起 式

(1) 两臂内旋，掌背朝向外，两掌抬起坐腕后两臂缓缓向上平举，手心向下，举至高与肩平，两肩松沉，做到沉肩坠肘。(图 2、图 3)

图2

图3

(2) 接上式，两臂外旋略向上，两手心相对，随之两臂内旋，两掌向下，以肘带领手掌坐腕下按至腹前方。(图 4、图 5)

图 4

图 5

1. **野马分鬃**

(1) 接上式，腰微向右转，右脚外撇约 45°，重心移至右腿，两臂随腰转至右前方。（图 6）

(2) 右臂外旋，右掌随腰左转向左向上划弧，左掌随腰转至左胯前。（图 7）

(3) 右臂稍向里收，翻掌向下平屈于右胸前，左臂自左向右划弧，翻掌向上，与右手心相对，如抱球状。同时，左脚收至右脚旁，脚尖点地。（图 8、图 9）

图 6

图 7

图 8

图 9

(4) 左脚向左前方上步，脚跟先着地，腰向左转，左腿屈膝成左弓步，左脚尖朝前，右腿自然伸直，与此同时，两掌分别向左上、右下斜线分开。左掌高与眉齐，掌心斜向上，右掌停于右胯旁，掌心向下，掌指朝前。目视前方。(图10、图 11)

图 10

图 11

2. **斜飞式**

(1) 身微右转，左掌翻转斜向下，附于右臂上侧，右臂向左划弧至左胯前，右掌翻转，手心斜向上。目视右前方兼顾左掌。(图 12、图 13)

(2) 松沉左胯，腰向右转，重心逐步后移并带动两臂分别向右上、左下分开，右掌停于头部右上方，掌心斜向上，左掌停于左跨左前方，掌心向下，掌指朝前，右腿实，左腿虚。目视前方。（图 14）

图 12

图 13

图 14

3. 顶肘撇身锤

（1）身微右转，左臂随之划弧至腹前，左掌变拳虚握，右臂自然下落，右掌翻转，以手指近掌心部位轻轻附于左前臂近肘弯处。（图 15、图 16）

（2）重心前移，腰左转，左肘随转腰向左方用意弹抖顶击后，左臂仍回复到右胸前（也可迅疾弹抖发劲）。（图 17）

图 15

图 16

图 17

(3) 左拳向上向前伸出，再向下向后划弧，停至右腹前，右掌仍附于左前臂近肘弯处，同时重心后移，左脚收回成丁字步。(图 18、图 19)

(4) 左脚向左前上方迈出。脚跟先着地，重心前移成左弓步，同时左臂以肘为轴心，向前撇打，拳眼朝左，高与鼻齐，右掌仍附贴于左前臂近肘弯处。目视前方。(图 20)

图 18

图 19

图 20

4. **搂膝拗步**

(1) 左拳舒展变掌，掌心朝上，右掌翻转，掌心向上，右臂下落并向后划弧至掌与肩相平，掌心向下，同时重心后移至右腿。目视前方。（图 21）

(2) 上体微右转，同时左掌由前向上经脸前向后、向下划弧至腹前方，掌心斜向下，右掌翻转掌心向上，右臂同时屈收，右掌心斜向左。眼神随转体视右掌复转视前方。（图 22）

图 21

图 22

(3) 左腿屈膝前弓，重心移向左腿，同时右臂内旋，右掌向前推出，掌心基本朝前，稍朝左斜，左掌向左下方绕膝划弧，停于左胯侧前方。目视前方。（图 23）

图 23

5. 仙猿献果

(1) 重心后移，右掌先略向左，再转向右划弧，掌心翻向右，拇指在下，四指朝前，向右方推出，须沉肩坠肘，掌高于肘。同时，左掌翻转，掌心朝上并向上托掌。目视前方。(图 24)

(2) 上体稍右转，右掌随之向下划弧至身体右侧并轻轻握成拳状，同时左臂翻转使左掌心朝下并轻轻握成拳状，平屈于胸部前上方。眼神随体转视复向前视。(图 25)

(3) 上体左转，重心前移成左弓步，同时右拳从左前臂上方穿出，向前击打，拳心朝上，拳眼向右，左臂略回收，左拳位于右肘下方，拳心朝下，拳眼朝里。目视前方。(图 26)

图 24

图 25

图 26

6. **揽雀尾**

(1) 重心后移，右腿实，左腿虚，同时双拳均舒展变掌，左掌向前上方伸出，掌心斜向前，右掌向下向后划弧，停于右胯旁，掌心朝上。目视前方。(图 27)

(2) 右掌翻转向上划弧，平屈于右胸前，左掌向下向右

划弧与右掌相对，如抱球状，同时左脚收回，脚尖点地，位于右足内侧，成丁字步。目视前方。（图 28）

（3）左脚向左前方迈步，脚跟先着地，左腿屈膝前弓，重心移向左腿，右腿自然伸直，同时，转腰面向正前方，左臂随之自下而上弧形上掤，右臂下沉，右掌向右下分开。目视前方兼顾左臂。（图 29、图 30）

图 27

图 28

图 29

图 30

(4) 上体略向左转，左臂内旋，左掌心朝下，向左前方伸出，右臂外旋，掌心翻向上，亦向左前方略伸，目视左前方，兼顾左掌。(图 31)

(5) 上体稍右转，重心后移至右腿，左腿自然伸直，同时两手随转腰向右划弧，两掌距离保持不变，右掌落于右上腹前，左掌略高于右掌，目视左掌，兼顾右掌。(图 32)

图 31

图 32

(6) 继续向右转体，两臂随之向右划弧平捋，右掌划弧至右侧稍偏后处，高与肩齐，掌心斜向上，左掌划弧至右胸前，掌心斜向下。目视右掌。(图 33)

(7) 上体稍左转，左臂上提，屈于胸前，左掌心朝内，右臂屈收，右掌心搭于左腕内侧，掌心朝前。目视前方。(图 34)

(8) 上体继续左转，重心前移成左弓步，两掌随转腰向

正前方挤出，与胸同高，两臂均呈弧形。目视前方并兼顾两手。（图 35）

(9) 左臂内旋，掌心翻转朝下，右掌经左腕上方向前伸出，变为俯掌，随之两掌左右分开，比肩略窄。目视前方。（图 36）

图 33

图 34

图 35

图 36

(10) 重心后移，右腿实，左腿虚，同时两肘屈收下沉，带动两掌收回至胸胁前。目视前方。(图 37)

(11) 左腿前弓，右腿蹬直，重心前移成左弓步，同时两掌坐腕竖掌前按，两掌并非全部正向朝前，两掌心略带斜侧。目视前方兼顾两掌。(图 38)

图 37

图 38

7. 云　手

(1) 两掌放平，同时重心渐后移，接着右掌转为掌心向内，右掌与眼同高，左臂下沉，左臂略低于脐，掌心斜向下。

身体继续右转，右掌随转腰向右划弧，左掌向右划弧并渐向上运动，左脚收回至右足内侧。目视右掌。(图 39、图 40)

(2) 右掌划弧至身体右侧，掌心转向右，左掌向上划弧，掌心转向内，同时左脚向左横跨一步，脚尖先着地，随

即全脚掌着地。目视左掌。（图 41）

（3）上体左转，左掌随转体向左划弧，右掌向下向左划弧至腹前方，左手在上，右手在下，两手上下正好与胸脐相对。眼神随转体转移向前平看，同时顾及左掌运转。（图 42）

图 39

图 40

图 41

图 42

(4) 上体继续左转，重心渐移至左腿，左掌继续划弧至左方，掌心转向外，右掌从腹前向上划弧至左肩前，掌心斜向内。眼神先视左掌后转视右掌。（图 43、图 44）

图 43

图 44

(5) 上体右转，右掌随转体向右划弧，左掌向下向右划弧至腹前方，右手在上，左手在下，两手上下正好运到与胸脐相对。眼神随转体转移向前平看，同时兼顾右掌运转。（图 45）

(6) 上体继续右转，重心渐移至右腿，右掌继续划弧至身体右侧，掌心转向外，左掌从腹前向上划弧至右肩前，掌心斜向里。目光先视右手后转视左手。（图 46）

(7) 上体左转，左掌随转体向左划弧，右掌向下向左划弧至腹前方，两手上下正好与胸脐相对。眼神随转体向前平看，同时兼顾左掌运转。（图 47）

图 45

图 46

图 47

（8）上体继续左转，重心渐移至左腿，左掌继续划弧至左方，掌心转向外，继续向下划弧至左前侧，右掌从腹前向上划弧至左肩前，掌心斜向内。眼神先视左掌后转视右掌。（图 48、图 49）

图 48

图 49

8. 十字手

接上式，上体右转，随转体右掌划弧运转至正前方，左臂落下，左掌向右、向上划弧与右臂合抱于胸前，左掌在外，右掌在内，两前臂成十字交叉状，两掌手心均向内。目视前方。（图 50）

图 50

收 式

(1) 两臂向内翻转，右前臂从左前臂上方向右分开，左臂向左分开，两掌心均向下，约与肩同宽。目视前方。(图 51)

(2) 两肘下沉，带动两掌缓缓下按，分落于两侧胯旁，两掌坐腕，手指朝前，掌心向下。目视前方。(图 52、图 53)

图 51

图 52

图 53

无极式

两腕随之放松顺直，手指自然下垂，两掌放于大腿外侧，回复到预备式姿势。（图 54）

图 54

此式虽为终结之势，但不可草草了事，应从慢从稳，继续保持全身心放松状态。接着练习反向八式，正反方向同时练习，对提高神经中枢的协调性与灵活性极为有益。

反向八式动作与名称均与前面相同，但方向相反，正向八式熟练后，稍加练习，就能学会反向八式。学会后，正反八式应一起连续练习，即正向八式练习完毕，回复到无极式状态，接着练习反向八式的起式动作。下面将反向八式的拳照按顺序排列，图解请参照前面各式，只要把方向互变一下，此处不再赘述。

反向练习图解

起　式

详见图 55~ 图 58。

图 55

图 56

图 57

图 58

1. 野马分鬃

详见图59~图64。

图59

图60

图61

图62

图63

图64

2. 斜飞式

详见图 65~ 图 67。

图 65

图 66

图 67

3. 顶肘撇身锤

详见图 68~ 图 73。

图 68

图 69

图 70

图 71

图 72

图 73

4. 搂膝拗步

详见图 74~ 图 76。

图 74

图 75

图 76

5. 仙猿献果

详见图 77~ 图 79。

图 77

图 78

图 79

6. 揽雀尾

详见图 80~ 图 91。

图 80

图 81

图 82

图 83

图 84

图 85

图 86

图 87

图 88

图 89

图 90

图 91

7. 云　手

详见图 92~ 图 102。

图 92

图 93

图 94

图 95

图 96

图 97

图 98

图 99

图 100

图 101

图 102

8. 十字手

详见图 103。

图 103

收　式

详见图 104~ 图 106。

图 104

图 105

图 106

无极式

详见图 107。

图 107

正八式接反八式同时练习一遍，需用时 6 分钟左右，功深后速度还可放慢，运动量则相应增大。养生以慢练为宜，可慢至 8 分钟或更长。姿式先求开展，后求紧凑，无过不及，随曲就伸，日积月累，自可体悟太极拳之妙。

二、二十四式太极拳原地练习法

为适应中老年人养生保健的需要，笔者在长期研习太极拳的基础上，遵循“拳打蜗牛之地”的古训，将流行最为广泛的二十四式套路创新出一种在原地练习的新练法。其主要特点是占用场地小，便于爱好者随时随地练习。只要有二十四式太极拳基础，稍加练习，很快就能掌握这种新练法。所以，这一具有长寿之乡特色的原地练习新套路面世后，就引起了爱好者的兴趣。现在长寿之乡用此法习练二十四式拳者日益增多，如同原地养生太极拳一样，平方之地，耍拳如意。

（一）定式方向说明

预备式：设为面向正南（练法同二十四式，以下皆同）。

1. 起式：面向正南。

2. 左右野马分鬃：先左转，定式面向正东，再向右转 180°，定式面向西，再左转 180°，定式面向东。

3. 白鹤亮翅：后脚上半步，定式面向东。

4. 左右搂膝拗步：左脚上半步，面向东搂膝推掌，再右转 180° ，继再左转 180° ，面向东搂推。

5. 手挥琵琶：右脚上半步，两手相合。

6. 倒捲肱：先转向东南，右掌推，左掌收；再逆时针转向东北，左掌推，右掌收；再逆时针转向西北，右掌推，左掌收；再逆时针转向西南，左掌推，右掌收。从直线向后退行变为转动向四角方向。

7. 左揽雀尾：仍面向西南，掤捋挤按。

8. 右揽雀尾：向右转 180° ，面向东北，掤捋挤按。

9. 单鞭：面向正西，由前式向左转动而成。

10. 云手：运行第一个云手时，面向西北，然后右脚与左脚并步，面向西；运行第二个云手时，左脚向左后撤步，面向西南；运行第三个云手时，并步后左脚向左后撤步，再并步，面向东南云手。从原来直线移步变为半圆形移步。

11. 单鞭：左脚向东上步，面向东。

12. 高探马：右脚上半步，面向东。

13. 右蹬脚：左脚稍抬起移向东北落脚，左腿坐实后，右脚向东南方向蹬脚。

14. 双峰贯耳：右脚在东南方向落脚，面向东南，右脚坐实，双拳贯耳。

15. 转身左蹬脚：后坐转身 90° ，右脚内扣，右腿坐实，左脚向西北方向蹬脚。

16. 左下势独立：左腿收回向西南方向出腿下势，面向西南，左腿独立收右脚。

17. 右下势独立：右腿向东北方向出腿下势，面向东北，右腿独立收左脚。

18. 左右穿梭：左脚向西南撤步，先面向西北穿梭，收左脚向西南上步，再向西南方向穿梭。

19. 海底针：面向正西。

20. 闪通臂：面向正西。

21. 转身搬拦捶：由正西右转 180° ，搬拦后面向东出捶。

22. 如封似闭：原地，面向正东。

23. 十字手：向右转 90° ，面向正南，两手十字相交。

24. 收式：面向正南，两手分开，缓缓落下，恢复到预备式状态。

（二）重点解析

原地练习法与二十四式太极拳运行路线最显著的区别就是倒捲肱和云手两个式子的运行方向不同。二十四式的倒捲肱是直线方向向后退行，原地练习法则改为面向东南、东北、西北、西南的四角方向推掌。云手式原是直线方向横向移步，原地练习法则改为按逆时针方向的圆周轨迹移动，最后两脚仍落在以原地为中心的一个大圆内。除方向变化及增加了撤步的动作外，其余动作及要领均与二十四式简化太极拳相同。这种原地练习法与原地养生太极拳相配套，阴雨天时，就可在室内练习，而不受场地局限的约束，有利于太极拳爱好者持之以恒地坚持练拳，收到更理想的养生保健效果。

附图：

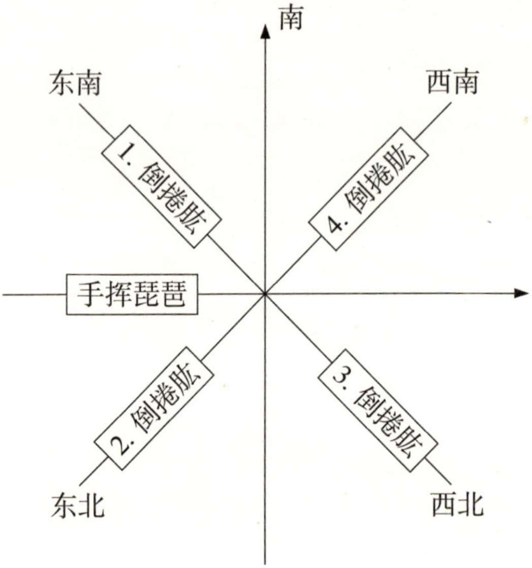

(三) 长寿之乡原地养生太极拳要拳歌诀

轻柔松缓，流水行云。
虚实须分，中和圆匀。
刚柔相济，太极妙理。
动中求静，养生精义。
适时适量，无过不及。

平方之地，耍拳如意。
持之以恒，康健身心。
返朴归真，道法自然。

“平方之地，耍拳如意”是《长寿之乡原地养生太极拳》和《二十四式太极拳原地练习法》的鲜明特点。所谓耍拳，就是要求练习太极拳时，要做到全身放松，即周身各处的关节、肌肉均须处于放松状态，无需用力，尤忌用拙力和僵劲；此外更强调精神上的放松和减压，走架犹如天真烂漫的儿童玩耍游戏一样，无忧无虑，轻松愉悦。拳无拳，意无意，自然而然。到此境界，其养生效果不言而喻。

三、太极杂谈

（一）太极拳养生作用

太极拳的养生作用是由其特殊的运动方式所决定的。因其动作轻柔松缓、完全顺应人体生理的自然规律，其运动宗旨与竞技体育截然不同，竞技体育要把人体所具备的功能发挥到极限，故有时还可能对身体造成伤害，而太极拳现在已从技击转为养生为主。即使是在冷兵器时代，拳术以技击为目的，但传统太极拳也十分注重养生。十三势歌诀中有："详推用意终何在，益寿延年不老春"之句，说明技击与养生是相结合的。太极拳讲究中和之道，拳论中说"随曲就伸，无过不及"，运动中遵循此要求，则对人体的任何部位和器官均无伤害之弊。练习太极拳时还要求做到"动中求静"和"用意不用力"，用意识引导动作，同时又要求周身一家，即要求全身高度协调地同步运动，这将使人体的中枢神经系统得到良好的锻炼，从而提高中枢神经系统调节机体各系统和各器官功能的协调能力，另一方面这种内外兼修的方法能使中枢神经系统处于一种积极性休息的状态，即中枢神经系统只有一小部分区域处于兴奋状态，而大部分区域又处于保护性的抑制状态，从而得到了更充分的休息。从中医学关于人体整体观的角度来看，练习太极拳是调节人体阴阳平衡的一种积极性手段。调节阴阳平衡，也就是要消除疾病在人体各系统造成的病理因素，因而产生了祛病保健作用。练太极拳要求呼吸自然、气沉丹田，能增强氧与二氧化碳的交换作用，增强肺组织的弹性，整体提高呼吸系统功能。吐故纳新，气血畅通，病邪难侵。练太极拳还能促进扩张人体的毛细血管，从而增强人体的血液循环功能，改善心脏供血状况，对动脉硬化、冠心病、高血压等慢性病，是值得采用的一种绿色治疗辅助手段。太极拳运动时，动作虽然柔和缓慢，由于腿部处于屈蹲状态，两腿不断变换虚实，运动量并不小，特别是在拳架低、行拳速度慢的状态下，运动量相当大，通过长期锻炼，可以增强腿部肌肉力量及人体整体的耐久力与灵敏性。对腿部的锻炼，可以推迟骨骼的退行性变化，有效地防止骨质疏松。俗话说："人老腿先衰"，腿部健康，也就是推迟人体的衰老进程，亦即具益寿延年之效。

从整体来看，通过太极拳这种形神合一、内外双修的运动方式，一方面能有效地调节人体内部的阴阳平衡，从而增强机体的免疫力，另一方面又能调气活血、柔筋健骨，提高机体的耐久力和灵敏性，促进人体五脏安和、百脉畅通，内外协调，身心俱健。太极拳的养生保健作用已为实践所检验，因而成为风行世界、人们喜爱的健身运动项目。

（二）太极拳源流概述

太极拳既精微巧妙又博大精深，是我们祖先智慧的结晶，是民族文化遗产中的瑰宝，是一代又一代的拳师探索与实践经验的积累，并与中华古老哲学相结合而形成的产物。清代太极拳家李亦畬于1867年写了一篇太极拳小序，首句为“太极拳始自宋张三丰”，但于1881年的手稿中，又修改为“太极拳不知始于何人”，从中可以看出，太极拳的源流实际上是非常久远的。如果仅有二、三百年历史，不至于如此说不清。

从目前状况看，太极拳界大致有三种观点，其一认为是河南温县陈家沟九世祖陈王廷（明末清初时代）所创。但陈鑫（1849—1929）在其著述中有：“拳以太极名，古人必有以深明乎太极之理，而后于全体之上下、左右、前后，以手足旋转运动，发明太极之蕴，立其名以定为成宪，义至精也，法至严也。”陈鑫之言还是符合客观实际的。所谓“古人必有以深明乎太极之理……”之句与李亦畬的“不知始自何人”实际是同一说法，如确知始自何人，何必用“古人”这一词语，此“古”字，亦意谓年代久远之意，而陈鑫出生仅比陈王廷晚一百多年，还不能称谓“古”也。反过来讲，如确系陈氏祖先所创，陈鑫为什么不直接说明，而用“古人”一词，由此可见，陈鑫知道太极拳源流久远，故直言是古人所创。第二种观点，认为是宋之武当丹士张三峰所创，称张三峰乃古时坐道隐士，因观鹊蛇争斗而顿悟，遂创造出此精微巧妙之拳术。但关于张三峰的传说，又有两种说法，一说是宋代之张三峰或张三丰，另一说是明代之张三丰，明史中有其传记。清代学者黄宗羲（1610—1695）所撰《王征南墓志铭》中有这样记载："少林以拳勇名天下；然主于搏人，人亦得而乘之。有所谓内家者，以静制动，犯者应手即仆，故别少林为外家，盖起于宋之张三丰。"不论张三丰是否有其人，至少可以看出太极拳以静制动，属于内家拳范畴，太极拳的创始至少比黄宗羲的生活年代要早得多。黄宗羲之子黄百家曾著有《内家拳》一书，其中更明言："自外家至少林，其术精矣，张三丰既精于少林，复从而翻之，是名内家。"这也表明了从外家到内家，实质上是中国武术漫长发展史中的一个质变，是否定之否定的发展过程。少林拳的精华，其实也包容在太极拳内，两者并不是截然分立而是有着密不可分的内在联系。第三种观点认为太极拳起源更早，可追溯到唐代的许宣平和李道子。《中华武术文库古籍部》编纂的《太极拳谱》中载有《授秘歌》一首，相传为李道子所作。其文如下：

无形无象，全体透空。
应物自然，西山盘磬。
虎吼猿鸣，水清河静。
翻江播海，尽性立命。

其锻炼主旨与太极拳完全相合，即尽性立命，应物自然。无形无象，全体透空是拳艺达到神明的境界。

总之，太极拳可谓源远流长，涵括了古典哲学、中医养生学及武学等多方面的成果。犹如文字一样，很难将其归于某派某人之所创，应是我们祖先集体智慧代代相传的结晶，发展到今天，又是贡献于世界的一颗奇葩。

（三）太极拳流派概况

太极拳源远流长，且我国传统文化积淀厚重，人才荟萃，故太极拳亦流派众多，可谓是百花齐放，异彩纷呈。现将主要流派分述如下：

陈式太极拳，其代表人物有陈王廷、陈长兴、陈鑫、陈发科等。据陈氏家谱记载，“陈王廷为陈氏拳手刀枪创始人也”。陈王廷创拳也不会是凭空创造，可能是在民间流传的古老拳术基础上，又吸收戚继光拳术三十二势等综合加工而成，在太极拳的发展史中有重大贡献。陈长兴（1771—1853），陈式太极拳著名拳师，除传子陈耕云外，最著名的弟子为杨禄禅。陈式太极拳由此而外传。陈鑫（1849—1929），在阐述陈式太极拳理论方面颇有建树，最重要的著作是《陈氏太极拳图说》。陈发科（1887—1957），陈长兴曾孙，1928 年赴北京授拳，所传为陈式老架一路与二路。沈家桢、顾留馨编著的《陈式太极拳》（人民体育出版社 1963 年 12 月出版）便介绍了这两种套路。陈式太极拳特点：刚柔相济，快慢相间，缠绕折叠，松活弹抖。

赵堡太极拳，赵堡与陈家沟相邻不远，同属河南省温县。据赵堡镇人传说，赵堡拳系由蒋发传入，一传邢喜怀，二传张楚臣，三传陈敬柏和王柏青，四传张宗禹，五传张彦，六传张应昌和陈清平（1795—1868），陈清平传人众多，知名者有和兆元、武禹襄等，此后又衍生出和式太极拳与武式太极拳等。赵堡太极拳特点：中正平顺，轻柔圆活，顺遂自然，技理相合。

杨式太极拳，创始人为杨禄禅（1799—1872），幼时曾学少林拳，后到河南陈家沟，向陈长兴学习太极拳，据传曾三进陈家沟，刻苦学艺，前后学拳18年，得陈长兴之真传。后到北京授拳，清代王公贵族从学者众多。在京未遇对手，世称“杨无敌”。禄禅传子杨班侯（1837—1892）、杨健侯（1839—1917），其他传人尚多，知名者有吴全佑等。杨健侯传子杨澄甫（1883—1936）。杨式太极拳经杨禄禅及其子杨健侯、其孙杨澄甫三代人的不断改进和完善，至杨澄甫一代正式定型。杨式太极拳特点：舒展大方，圆活自然，轻灵沉着，柔中寓刚。

吴式太极拳，创始人为满族人吴全佑（1834—1902），最后由其子吴鑑泉（1870—1942）完善定型。吴全佑师从杨禄禅，善长柔化，吴鑑泉在家传太极拳的基础上，不断修润与完善，在慢架中去掉重复和跳跃动作，使拳架更加规范、柔和，从而自成流派。主要传人有吴英华、马岳梁等。吴式太极拳风格特点：拳架紧凑，松静自然，细腻绵柔，斜中寓正。

武式太极拳，创始人为武禹襄（1812—1880），初从杨禄禅学习陈式老架太极拳，后去河南温县，又向陈清平学习月余，并在其兄武澄清处获王宗岳《太极拳论》，回乡后，毕生研究太极拳不辍，于太极拳理论多有阐发和创新。写有《太极拳解》《十三势说略》《十三势行功要解》等，其传人有外甥李亦畬（1832—1892）、李启轩，李亦畬传子李石泉、李逊之，著名弟子有郝为真。郝氏传人众多，并有所革新，又衍变为郝式太极拳。武式太极拳特点：体态端庄，空松圆活，连绵不断，精神内涵。

孙式太极拳，创始人孙禄堂（1860—1933）。孙禄堂为现代武术大师，自幼喜习武术，先习形意拳，后习八卦掌，功夫深厚。后又从郝为真学习太极拳。经深修研悟，孙禄堂将形意、八卦、太极三门拳术从理论到内容提纯升华，融三家精髓为一炉，创孙式太极拳。孙氏文武兼通，武术著作颇多，主要有《形意拳学》《八卦掌学》《太极拳学》《拳意述真》等。孙氏传人众多，主要有孙剑云、孙存周等。孙式太极拳特点：柔顺中和，舒展圆活，进退相随，内外相合。

太极拳其他流派尚多，其理则一，而风格各异，仅形式有所变化而已。影响较大的有和式、常式、郝式以及武当太极拳等。

（四）太极拳与书法

太极拳与书法都是一种艺术，是最具民族特征且为中华民族特有的传统艺术。二者相通之处甚多。现将二者从以下几方面予以比较。

第一，从流派上看，书法的楷书有欧颜柳赵四大家，另外尚有褚、虞等流派；太极拳亦如此，陈、杨、吴、武、孙以及赵堡为当今的六大流派，另外尚有郝式、和式、常式等，呈百花齐放之态势。

第二，从笔力、劲力方面来看，练习成功者，都须花费相当之时日，即需要有一定之功夫。功深者谓之笔力强或内劲足。此笔力与内劲均非一般所说的力气大之拙力，而是通过认真地长期练习所培养出来的人体机能灵活性与协调性的综合表现。对书法而言，书法中的笔力，即为书家在意识的指挥下，其臂、腕、手等部位的肌肉、神经以及腰、腿各部位之间高度协调地运动，通过执笔、行笔等一系列复杂微妙动作而形成形态各异的点、线墨迹，观其墨迹可以看出书写者的笔力强弱，功深者笔力强。对拳而言就是由脚而腿而腰，总须完整一气，周身一家。功深者，运劲如抽丝，柔中寓刚，此即为内劲足之表现。

第三，从练习方法来分析，初学书法，要求慢慢行笔，一丝不苟，但慢行笔中又不允许停滞，这就意味着书写者必须有极强的控制笔之运行的能力，这是学习书法的基本功，也是最能练出“笔力”的方法。习练太极拳也要求慢练，也必须做到慢而不滞、慢而均匀、缓中有韵，这是对人的中枢神经系统控制全身肌肉及提高协调能力的最好锻炼方式，通过日积月累的锻炼，就能增强这种控制力和协调性，也就是练出周身一家的功夫，这也是增长“内劲”的最佳练习方法。

第四，从求静的角度看，练习书法或进行书法创作时，要求精神安静，专心致志。古书论中有：“夫欲书者，先乾研墨，凝神静思，预想字形大小、偃仰、平直、振动，令筋脉相连，意在笔先。”凝神静思的过程也是思想净化的过程，使精神从寻常的俗务中解脱出来，进而升华到超脱的艺术思维之中，从而能使书者沉浸在笔情墨意之中，陶冶情操，养生保健。同样，练太极拳要求内固精神，外示安逸，讲究动中求静，身虽动，心贵静。练拳时用意不用力，意念集中，专注于练拳。由于动作圆活、自然而均匀，能促进中枢神经系统由杂乱无序而归于宁静专一。练拳达到高层次境界，越练越静以至进入物我皆忘之状态，其养生保健的效果是不言而喻的。

综上所述，可以看出太极拳与书法的相通之处甚多，特别是养生保健之功能已为世人所公认。“艺无止境”，故对书法艺术和太极拳道的追求也是无止境的。

（五）初学太极拳宁精勿滥

有句谚语：“十艺生不如一艺熟”。学练太极拳亦当遵循此理。初学太极拳尤应注意。宁可少而精，不可滥而快。昔日太极拳宗师杨澄甫曾评论某些人：“急于速效，忽略而成，未经一载，拳剑刀枪皆已学全，虽能依样画葫芦，而实际未得此中三昧。”又说：“如此辈者，以讹传讹，必致自误误人，最为技术前途忧者也。”这是由于太极拳是圆弧形运动，同时又要求慢练，如拳理不明，太极拳的动作极易变形，数传之后，将似是而非，以讹传讹而失其本源。所以初学者一天只宜学习一至二式。练习得法，虽一势一式，也对身体有益。练非其法，就是每天练全套架子数遍，效果也不会理想。杨澄甫弟子陈微明曾说：“太极拳运动均是曲线，相连不断，颇为繁复，须口传心授。为使初学者易学起见，也可以只进行单式练习，只要练习得法，与练全套太极拳无异也。”从以上名家所谈可见，学习太极拳并不在于会练多少套路，关键是要符合太极拳之拳理。贪多求快的结果是，“欲速而不达”。

此外，习拳最好能有明师指导，“明”者，明拳理者，非指一定要求“名师”，当然遇有“名师”传授更好，但这种机遇不多，过去习拳，非常强调师传，因为太极拳精微奥妙，微妙处，须老师口授身传，否则难以体悟。故有“入门引路须口授，功夫无息法自修”之说。实际上无论学习何种技艺，这些道理都是相通的，初学太极拳尤当引起重视。

（六）太极拳是圆运动

太极拳运动的外形特征是肢体作圆弧形轨迹运转，也就是通常所说的划圆或划弧。当圆半径小时，所划的弧就小；当圆半径大时，所划的弧就大。若从整体动作分析，练习太极拳要求以腰为主宰，即以贯穿胸腹的脊柱为轴心来带动全身的转动，这就是拳论中所述的“一动无有不动”，全身都在作圆运动，各种外形动作都呈现出圆象动势，当运行轨迹有折叠反复时，所运行的轨迹又呈现出类似S形的形象。总之，太极拳之手足运动，一般均呈现出圆弧之象，环环相扣，连绵不断，处处圆融。而圆有大有小，有斜有正，既有正圆，也有椭圆，要求无使有凹凸处，无使有断续处。不仅是招式圆，还须力求达到神形兼备的神意圆，达此境界，走架纯以神行，有时看似无圈之形，却蕴涵有圈之意，自然而然，此为阴阳变化浑然无迹之太极圆。

（七）松静自然是太极拳之本

太极拳源远流长，博大精深，不下一定的功夫，难以达到豁然贯通的境界。遵从太极拳“松静自然”的拳理宗旨，就不会迷失练拳的大方向。所以在整个习练的过程中，始终要以松静自然为本，首先从“心静、体松、气和”六字入手。心静就是指精神意识方面的放松，属于养心的范畴；体松则是指四肢百骸包括五脏六腑等形体方面的放松；气和是呼吸方面的放松，即行拳过程中勿憋气，动作要柔和，勿使形成气促的状况。太极拳动作缓慢柔和，随曲就伸，功夫自然而修，功力自然而出。在运动过程中十分强调“动中求静”的原则，并要求整个运动过程中一以贯之。通过意念集中的训练和培养，从而达到养心的目标。此种独特的运动方式是太极拳具有养生保健功能的重要因素之一。在运动中求“虚静”，有利于人体神经系统功能的调整和恢复，从而促进机体各项生理活动处于良好的动态平衡状态。简言之，松静自然是太极拳之本，习练太极拳应始终遵循这一核心总纲。

（八）习练太极拳如何获得理想的养生保健效果

1. 首先认知太极拳是传统的又是绿色的养生保健运动，

无花费，只要持之以恒，定有收获。

2. 太极拳是动静相结合的运动，练习宗旨是“用意不用力”，在运动中求虚静。练习时不急不躁，以达观平和的心态习练，排除杂念，专注凝神，运动时勿相互说笑，逐步领悟“动中求静”之妙，体验心静体松的养生保健之益。

3. 身形的基本要求是中正安舒，全身放松，纯任自然。

4. 领会虚实变换的节奏，运动时虚实始终处于互相转换的状态。这种运动方式能有效地锻炼腿部的力量及提高人体的运动平衡能力。

5. 初学时以自然呼吸为主，熟练后逐步向腹式深呼吸过渡，即“气沉丹田”之意。

6. 运动量要掌握适度的原则。运动量的增加要循序渐进，逐步增大。所以运动量的大小可因人而宜。决定运动量的因素是拳架的高低、运动的速度及运动时间的长短，可对以上三个方面综合自我调节，运动量勿过大，也勿过小，以练习后感觉舒畅不疲倦为宜。

7. 练习太极拳要持之以恒，这是获得理想养生保健效果的必要条件。根据实践经验，练习太极拳两周左右，可初见成效，约三个月后，效果明显。但习练者的具体情况各有不同，其效果也是有差异的。总之，切忌三天打鱼，两天晒网。只要坚持，必有成效。

8. 除适度运动外，其他如饮食有节，均衡营养；起居有常，顺应四时气候变化；注意心理平衡方面的精神养生等均应同步进行，这样才能获得理想的养生效果，从而提高我们的生命质量。

（九）太极拳能促进癌症患者的康复进程

当今的医学技术尚未能攻克癌症，加之有些治疗手段虽然能杀伤癌细胞，但对人体的正常细胞也会产生伤害，如进行放射疗法和化疗后，患者往往有脱发等不良反应，有时是弊大于利。所以癌症的发病率与死亡率呈上升之势，一旦患上癌症，就如同宣布死刑一般，致使人们常常谈癌色变。笔者在多年的太极拳培训实践中，常遇有癌症患者前来咨询和学习。实践表明，癌症患者通过学练太极拳，能有效地改善和增强身体的素质，提高患者的生命质量，促进患者的康复进程。究其原因，主要是精神与生理两方面产生了良性互动的结果。

首先，习练太极拳要遵循松静自然的原则，要求习练者在精神与形体两方面都做到放松，即练习时，排除杂念，放下一切，绝虑忘情，摒弃对疾病的恐惧，视有病如无病，集中注意力于轻松、柔和的慢运动中。这种心静体松的功法一方面可以消除患者对癌症的悲观恐惧心理，另一方面同时对人体的中枢神经系统也产生了积极正向的调节作用，经过短期的习练，患者精神状态的改观令人惊奇，从精神濒于崩溃改变为积极向上，前后判若两人，视习练太极拳为其精神支柱。

其次，心静体松的慢运动，能够促进血管、淋巴等循环系统以及中医称之为经络的生理系统，畅通运行，人体血管经络犹如大地之江河，瘀堵则病，通则不痛。久卧病床者，因缺少正常运动，易生褥疮。骨折者，用石膏固定肢体，一两个月后，拆除石膏，肢体明显小于正常时，肌肉萎缩十分明显，这些都是缺乏适当的运动造成的。更重要的是不仅身体外形会发生变化，身体内部的各种脏器也会因为缺少必要的运动而退化和萎缩，脉搏细而无力，即心脏泵血量下降，也就是说，内在的心脏也发生萎缩，这样就易造成血栓，血栓又可能引发猝死。所以适当运动对增强人体功能十分必要，而太极拳正是这样一种内外双修，动中求静，广泛适应不同体质、不同年龄层次的人们可以选择的理想运动。这种动静结合的独特练习功法，可以激发人体潜能。太极拳是一种整体运动，它强调一动无有不动，还要求在运动中求虚静，所以这种独特运动方式对人体内部生理变化的影响，不是局部的，而是全面的、整体的。这种生理功能的改善，少则三五天，多则两三月，就能明显地使练习者感知到，如睡眠好转、食欲增强、腿部有力等。生理功能的改善反过来又使患者信心大增，进一步促进人体生理产生一系列良性变化，也就是说，一旦患者在心理与生理上建立起正面的充满活力的良性循环，患者就将走上迅速康复的康庄大道。人体的各项生理活动重新走上正常的新陈代谢轨道，癌细胞将被抑制，不再疯长，正常的细胞各就其位，癌症患者迅速康复，发生了意想不到的效果，这已不是个例，可经常看到这方面的报道。这既是练习太极拳的神奇，也是自然医学所强调的人体有强大的自愈能力的神奇。关键是如何激发人体的自愈功能，而太极拳的独特运动方式恰恰具有激发人体自愈功能的神奇效应。

（十）太极拳加饮食有节是塑形减肥之良方

爱美之心人皆有之，特别是女性更希望有一个优雅而健美的体形。太极拳运动对形体的要求，恰恰是塑身造型的良好手段。就以头颈和脊柱为例，要求头颈自然正直，做到“虚领顶劲”，也就是既不能低头哈腰，也不可僵化强直，正如拳论术语所形容的一种“顶头悬”状态，好似虚虚地悬在空中，也就是最大限度地放松颈部周围的肌肉，促进颈部血管气血畅通，从而保证脑部中枢神经系统获得充分的营养。颈椎活化健康不仅是形体美，更重要的是中枢神经营养充分则功能增强，可促进内分泌腺的正常分泌，并有效地激发机体内部的免疫力，整体地提高人的健康素质，这是人体健美的前提，健则美，弱不禁风则丑。太极拳对脊柱的要求是中正安舒，头顶与尾闾上下对正，处于生理自然垂直状态，长期练拳，养成良好的习惯，从而避免了驼背弯腰之态。在实践中，还发现以下的现象，就是当今车祸频繁，一般缺少运动的人，只要发生轻微碰撞，就有可能发生骨折，有的甚至只要往地上一坐，也会发生压缩性骨折。但经常练习太极拳者，骨密度一般都比较高，跌跤后，发生骨折的却不多，即使发生伤害，恢复也较常人快得多。这样也就减少了伤残的机率。即使到了老年，也能保持矫健的体态。此外，太极拳运动特别强调动作的整体性和协调性，要求“一动无有不动，一静无有不静”，所以常年坚持练习太极拳者，身体的柔韧性都比较好，肌肉富有弹性。我们常见久练太极拳的耄耋老人，身手仍然灵敏和矫健。当然，造成肥胖的因素除运动不足外，还有饮食方面的因素，如果饮食过量，就会造成身体摄入的能量大于身体消耗的能量，这样多余的能量就会转化为脂肪，人就会肥胖。减肥健美就是要做到管住嘴，迈开腿。而实现迈开腿的最佳选择就是打太极拳。原地养生太极拳简明精炼，随时随地可行，运动量因人而宜，自行调节。为使自己青春常驻，保持轻盈曼妙的优美体态，请选择太极拳为伴吧。练太极加之饮食有节就是塑形健美之良方。

（十一）耍拳如意享退龄

如皋市老年体协是对所有老年人开放的大学校，养生太极拳联谊会作为团体会员融入到这个大学校中，以《长寿之乡原地养生太极拳》为启蒙套路，引领众多的老年人与太极拳结缘，收获健康和快乐。传统太极拳源远流长、博大精深，市老年体协决定将《长寿之乡原地养生太极拳》与《健康行快乐操》《经络养生操》三个项目列为全市重点推广的大众健身项目，分期举办了专题培训班，编印了教材教案集锦，制作了“三合一”碟片。

这一决策影响深远，吸引了更多的老年人参加到全民健身的行列。实践证明，太极拳是理想的绿色养生运动，既安全又经济，无论如何高龄，都可以根据自身条件进行力所能及的练习。太极拳的独特理念是：“用意不用力”和“动中求静，只要能遵循这个大方向，持之以恒地习练，就可以从缓慢的圆形抽丝运动中渐渐体悟到这种独特运动方式是缓解压力、自我放松的有效手段。这一独特运动形式能调节、改善机体的生理功能，从而整体增强机体的免疫力，达到颐养遐龄、提高生命质量的目的。市老年体协汪如一主席曾带领养生太极拳联谊会的古稀队先后参加 2010 年浙江第七届国际传统武术赛和 2011 年第二届台湾妈祖杯传统武术赛，均荣获高龄组集体金奖。年近 90 岁的唐耀忠荣获特为参赛运动员年龄最高者而设的“耆英奖”。此外，刘双俊、杨嵩春、王德全、夏志玲、俞桂英、陈秋萍分别获得以性别分组及不同年龄档次的单项金奖。吴秀峰获一项银奖，耿有富获一项铜奖。值得一提的是，市老年体协网站已将具有长寿之乡特色的《原地养生太极拳》视频发布到互联网上，从而更广泛地展示了长寿之乡老年人的精神风彩。正是“平方之地舞太极，要拳如意享遐龄”。

（十二）养生太极推手漫谈

太极推手与拳架本是太极拳艺不可分离的组成部分。拳架为体、推手练习致用。杨澄甫所著太极拳体用全书表明，两者结合才是全面的。因为传统太极拳毕竟属于武术的范畴，昔时是以技击为主体的。但是时代在发展，冷兵器时代已过渡到热兵器时代，甚至当前已是电脑自动控制的导弹与反导弹时代，所以练习以技击为目的推手训练形式已不为大多数人所重视。另外，由于现行的推手竞赛规则尚不够完善，从而使比赛常出现顶牛比力气的状况而未能体现太极拳柔能克刚的特点。实际上推手仅是练习技击的一种训练方式。推手、散手乃至实际生活中的格斗实战，是具有不同涵义的概念，不可混为一谈。欲探求传统技击的爱好者，都可选择自己所喜爱的流派的推手训练方式进行系统训练。如以养生保健为目的大多数爱好者也可进行比较安全的养生太极推手。其首要特征就是特别强调训练时的安全性，严禁脱手打人、反关节擒拿、任意摔人与发放等，只能点到为止。与其说是推手，不如称之为养生太极盘手更为确切。其要领还是以不丢不顶、粘连黏随为原则。盘手不尚大力推人，重在提高感知劲的灵敏度。练习养生太极盘手，须选择一个好伴侣，特别是性格能相容或互补者。在盘手打轮的基础上，互相摸劲，喂劲、化劲。杨澄甫说："有觉劲则懂劲便不难矣。"如能恒久练习，同样能达到刚柔相济的境界。盘手训练如有名师口授指点就更好了。

四、爱好者习练体悟

（一）我爱上了太极拳

退休前我就患上了心脏病，是医院的老病号，当时思想上很悲观，曾想到能等到退休拿上红本本就算不错了，就是自己的福气。总算熬到了退休，但是每天都需要服药。我就到处寻找治病的良药，也做过多种理疗，但效果均不如人意。一次偶然的机会，当时是2005年，安定广场正举办“原地养生太极拳”培训班，我就抱着试试看的态度去学了，经过一段时间的习练，我不仅基本上学会了套路，更令我感到惊讶的是，身体素质有了明显的提高，人的精神也爽了，好多熟人、同事见了我不似退休前病兮兮的样子，都很羡慕我，他们的羡慕更激励了我学拳的信心，对我也是一种鞭策。通过这次培训使我与太极拳结了缘，也让我染上了练习太极拳的瘾。为了在太极拳的文化传承上作出点贡献，我又开始向理论方面去学习和发展。同时我还思考如何带动大家来共享太极拳运动带给我们的健康和快乐。2007年还报名参加了市老年大学武术、音乐等科目，并开始收集和整理太极拳、剑以及功夫扇和武术养生等各种常识性的资料约30

余篇，先后发放给晨练队拳友，有的作为对外交流的资料，以便相互学习，达到共同提高的目的。

2010 年 6 月我还参加了市老年体协组织的养生太极拳代表队去杭州参加第七届浙江国际传统武术比赛，我参加的《长寿之乡原地养生太极拳》项目，获得了老年组集体金奖。2012 年 11 月参加南通地区“庆十八大”苏通杯武术精英交流赛，获得了个人单项三等奖。平时我还会经常参加一些社会活动方面的表演或比赛。

自我从启蒙开始学习原地养生太极拳，到现在已经达 11 年之久，现已能熟练掌握拳、剑多种套路。总之太极拳真正给我带来了健康、快乐和幸福。

全民健身，首选太极，我希望大家都与太极拳结缘，一起度过幸福的晚年。

范钦贵 2016. 6（原动力机厂车间主任）

（二）七十五岁　结缘太极

退休后的最初几年，我的身体状况还较好，除了干些家务事，还能参加一些社会活动。但随着年龄的增长，渐渐地身体机能逐步衰退，一年不如一年，高血压、失眠、肠炎、胆管结石等慢性病接踵而来。虽然我也常参加慢跑等有氧运动，可能是体质不太适应或因感到单调而不能坚持，效果不太理想，因此我也非常希望寻找一项适合自己身体状况的最佳运动方式。就在我 75 岁的那年初夏，一次偶然的机遇，看到社区附近的小广场新增加了几个练太极拳的中老年人，一连几天，发现他们都很准时，经过交谈后得知，杨老师原来主要是在安定广场办班培训，这一次是应邻居和朋友学拳的愿望，才特地选这个幽静的地方，为他们开小灶。过去我也有学打太极拳的想法，但担心年龄大了，加之太极拳的动作看起来也很难学，一直下不了决心。杨老师见我连续几天旁观，可能也看出我既想学又顾虑重重的神态，就先送了一本教材给我。我回去看后，对太极拳有了初步的了解，感到学太极拳确实没有什么前提条件，既无花费，也不污染环境，对场地也没要求，阴雨天在家中也可练习，于是我就加入了他们的行列。开始，我每天只学一个式子，虽然我非常认真地模仿，自己总感到学得不像，还是不能做到协调一致，顾到手，又忘记了脚，甚至想打退堂鼓。这时杨老师又及时为我打气，鼓励我说："你年龄比他们大十多岁，进度慢是正常的，此外，老年人学习只要抓住核心，一是心静、全神贯注；二是肢体活动随曲就伸，柔和舒展就行，运行弧形的大小并不强求一致，不需在像不像的问题上过分纠结。"听他讲后，一方面增强了我的信心，另一方面也让我对太极拳"动中求静"的理解有了进一步的体会。拳友陈明芳、陈秀芳、马玲等人也对我说，开始时，都感到难学，如到我这么大年纪，甚至可能还不如我。就这样，我又鼓起勇气决心学下去。约一月后，我初步能单独演练原地养生太极拳套路，虽然我的动作还不算规范，但我做到了持之以恒锻炼。约一年后，在单位组织的年度体检中，我的各项指标均比上一年有所改善。我知道，这主要是寻找到了一项适合我的运动项目，是太极拳提高了我的生命质量。我对太极拳的兴趣也提高了，以前认为不可能学会的24式、42式、48式拳，也逐步学会了。我与太极拳结下了永远的缘分。每天早晨，练拳40分钟已成了习惯，下雨天也不间断，就在家练原地养生太极拳。现在我已77岁，坚持练拳两年多，睡眠改善，不再失眠，血压恢复正常，肝胆管结石钙化，感冒也少了。感到精神旺盛，还报名参加了老年大学摄影班、智能手机短训班，栽花弄草、精力充沛。两年多来，我们东皋浅水湾小团队由原来的四五人发展到三十余人，我还被推选为队长，我愿当这样一个无报酬的队长，我愿为弘扬太极养生文化贡献余热，我期望更多的人享受太极拳运动带给我们的健康和快乐。

朱瑞祥　2016.9（原如皋市档案局局长）

（三）古稀队的特色项目——原地养生太极拳

在古城如皋城中央园林式的安定广场上活跃着一支古稀养生太极拳队，年龄最大的已94岁。他们每天都会准时来到这里，集体演练太极拳。从原地养生太极拳开始，接着就是24式、42式、48式等流行套路。为了扩大眼界，他们还经常组队外出参加比赛和交流。2010年、2012年先后参加了在杭州举办的第七届与第九届浙江国际传统武术比赛，2011年台湾妈祖杯传统武术比赛，2014年第九届香港国际武术比赛，原地养生太极拳均获得高龄组集体金奖。2011年时年88岁的唐耀忠获台湾妈祖杯赛武坛耆英奖，2014年时年80岁的刘双俊获香港第九届赛武坛耆英奖，同时刘双俊老先生还荣获高龄组原地养生太极拳个人金奖。在2016

年中国启东“东疆决”国际文化节武术套路大赛以及2012年第七届苏通武术精英交流赛中，原地养生太极拳分别获得银奖和金奖。此外，作为具有长寿之乡地方特色的原地养生太极拳与通常的流行套路有明显区别，其演练时间全套为6分多钟，如只演练正向拳式，只需3分多钟，也适应一般大型活动演练时限的要求，所以常常参加一些大型活动的展演，如市“全民健身日”“南通体育日”庆祝活动，如城运动会开幕式表演等。

市老年文体协养生太极拳联谊会也经常来广场开展原地养生太极拳的专题培训、咨询、交流等活动。培训结束，许多学员就会加入到安定广场晨练队，十年来已从最初的十几人发展到数百人的团队。只要有新人加入，老队员们大多都会热诚相待，从简易的原地养生太极拳入手，逐步培养起初学者的兴趣。多年实践表明，这种方式较之一开始就直接教学式子繁多的套路更加行之有效。

夏树森　颜玉兰　严昌治（安定广场古稀队）

（四）太极拳已融入我们的生活

两年前我俩一个退休，一个退二线，工作压力轻了，闲暇时间也多了。未料数月后，我们的身体不约而同地均有点发福。早就相识的我俩，退休后共同语言也更多，聊起逐渐发胖问题，就相约要选择一个项目去减肥。正巧，市老年体协当时正在全市重点推广《原地养生太极拳》《健康行快乐操》《经络养生操》三个健身项目，我们选择了《原地养生太极拳》。起初我们也担心能否学会，虽知太极拳好，但当时对我们来说，它还笼罩着一层神秘的面纱。时光如梭，一转眼两年已过。现在，每天早晨除特殊情况外，我们一般都会准时赶到靖海门河东晨练点，每天从《原地养生太极拳》开始，接着是24式、42式太极拳等，大约运动40分钟，已成了日常例行功课，不是上班，恰似上班，练拳以后微微出汗，感到神清气爽。我们这个晨练点，开始只有三四人，两年多已扩大到三十多人，受场地限制，今后还需分流人员到其他晨练点。

练拳人员来自不同的社区，职业也各不相同，有医生、工程师、教师，有退休老职工，也有处级、科级领导干部。虽有文化、年龄差异，但大家因拳结缘走到一起，互相关心、互相勉励，从练习太极拳扩展交流到对人生的态度，对健康的认识，对社会、家庭的责任，言谈举止间，充满了正能量，形成了强大的乐观向上正能量气场，这也体现了太极的精髓——天人合一的和谐精神。

太极拳虽难学，但从《原地养生太极拳》起步，由易而难就难而不难。锻炼虽苦，但心态积极就苦而不苦。两年来，我们的体态已趋正常，肚腩消失了，耐力增加了。闲暇时，还会骑车七公里到龙游湖畔练拳。夕阳西下，凉风习习，荷花飘香，伫立湖边凉亭，随着悠扬的配乐，练一套太极，是多么惬意的美事啊，正所谓“夕阳近黄昏，却是无限好”。学无止境，练拳不辍，太极已融入我们的生活，为我们带来健康和快乐。

朱　阳（原市总工会主席）

吴建平（市外国语学校副校长）

（五）养成“三随”习惯练太极

工作节奏快，生活压力大，在繁忙的生活、工作节奏中更须注重自我减压、自我放松，更有效地关注自身，搞好自我保健。由于原地养生太极拳的特点是对练习场地无特殊要求，只需一平方米大小就可练习。只要每天挤出点时间，就可做到随时随地随兴而练。为了使自己能从练习太极拳运动中获得理想的效果，我们要努力养成“三随”的练拳习惯，将太极拳融入自己生活的一部分，使自己终身受益于这一高雅的养生运动。总之以平常之心，玩耍之意，顺其自然，从容不迫习练，坚持每天一刻钟或半小时或一小时。

亦可化整为零，利用工作间隙，或等车时，或侯机时，均可随时随地习练。无需苛求夏练三伏，冬练三九，只求降压解虑，舒筋活络，小则自我保健，大则惠及友邻和社会。总之，练拳是自己的事，不可能由别人代替自己练。健康无价，健康也买不来，养生保健均靠自己身体力行，不断地在实践中感悟和实行之。“太极润物细无声，终身受益须持恒”。让“三随”——随时随地随兴而练，成为自己终身练习太极拳的良好习惯。

周克进（如皋市科技局副局长）

五、太极拳古典拳论选粹

（一）张三丰《太极拳论》

一举动周身俱要轻灵，尤须贯串，气宜鼓荡，神宜内敛，无使有缺陷处，无使有凸凹处，无使有断续处。其根在脚，发于腿，主宰于腰，形于手指，由脚而腿而腰，总须完整一气，向前退后乃能得机得势。有不得机得势处，身便散乱，其病必于腰腿求之，上下前后左右皆然。凡此皆是意，不在外面，有上即有下，有前则有后，有左则有右，如意要向上，即寓下意，若将物掀起而加以挫之之意，斯其根自断，乃坏之速而无疑，虚实宜分清楚，一处有一处虚实，周身节节贯串，无令丝毫间断耳。

长拳者，如长江大海，滔滔不绝也。掤、捋、挤、按、采、挒、肘、靠，此八卦也。进步、退步、左顾、右盼、中定，此五行也。掤、捋、挤、按，即乾、坤、坎、离四正方也，采、挒、肘、靠，即巽、震、兑、艮四斜角也；进、退、顾、盼、定，即金、木、水、火、土也，合之则为十三势也。

【原注】此论是武当山张三丰祖师遗论，意在让天下豪杰延年益寿，不徒作技艺之末。

（二）王宗岳《太极拳经》

太极者，无极而生，阴阳之母也。动之则分，静之则合，无过不及，随曲就伸。人刚我柔谓之走，我顺人背谓之粘，动急则急应，动缓则缓随，虽变化万端，而理为一贯，由着熟而渐悟懂劲，由懂劲而阶及神明，然非功力之久，不能豁然贯通焉。

虚领顶劲，气沉丹田，不偏不倚，忽隐忽现，左重则左虚，右重则右杳，仰之则弥高，俯之则弥深，进之则愈长，退之则愈促，一羽不能加，蝇虫不能落，人不知我，我独知人，英雄所向无敌，盖皆由此而及也。

斯技旁门甚多，虽势有区别，概不外乎壮欺弱，慢让快耳。有力打无力，手慢让手快，是皆先天自然之能，非关学力而有为也。察四两拨千斤之句，显非力胜；观耄耋御众之形，快何能为？立如平准，活似车轮，偏沉则随，双重则滞，每见数年纯功，不能运化者，率自为人制，双重之病未悟耳。欲避此病，须知阴阳。黏即是走，走即是黏。阴不离阳，阳不离阴，阴阳相济，方为懂劲。懂劲后，愈练愈精，默识揣摩，渐至从心所欲。本是舍己从人，多误舍近求远，所谓差之毫厘，谬以千里，学者不可不详辨焉。

（三）十三势行功心解

以心行气，务令沉着，乃能收敛入骨；以气运身，务令顺遂，乃能便利从心。精神能提得起，则无迟重之虞，所谓顶头悬也。意气须换得灵，乃有圆活之趣，所谓变转虚实也。

发劲须沉着松静，专主一方；立身须中正安舒，支撑八面。行气如九曲珠，无微不至（气遍身躯之谓）；运劲如百炼钢，无坚不摧。形如搏兔之鹄，神如捕鼠之猫；静如山岳，动如江河；蓄劲如开弓，发劲如放箭；曲中求直，蓄而后发；力由脊发，步随身换；收即是放，断而复连。往复须有折叠，进退须有转换。极柔软，然后极坚刚，能呼吸，然后能灵活。气以直养而无害，劲以曲蓄而有余。心为令，气为旗，腰为纛，先求开展，后求紧凑，乃可臻于缜密矣。

又曰：彼不动，己不动；彼微动，己先动。劲似松非松，将展未展，劲断意不断。

又曰：先在心，后在身，腹松气沉入骨，神舒体静，刻刻在心。切记一动无有不动，一静无有不静。牵动往来气贴背，而敛入脊骨。内固精神，外示安逸，迈步如猫行，运劲如抽丝，全身意在精神，不在气，在气则滞。有气者尢力，无气者纯刚。气若车轮，腰如车轴。

（四）乾隆旧抄本太极拳经歌诀七首

歌诀一

顺项贯顶两膀松，束肋下气把裆撑，
胃音开劲两捶争，五指抓地上弯弓。

歌诀二

举步轻灵神内敛，莫教断续一气研，
左宜右有虚实处，意上寓下后天还。

歌诀三

拿住丹田炼内功，哼哈二气妙无穷，
动分静合屈伸就，缓应急随理贯通。

歌诀四

忽隐忽现进则长，一羽不加至道藏，
手慢手快皆非似，四两拨千运化良。

歌诀五

掤捋挤按四方正，采挒肘靠斜角成，
乾坤震兑乃八卦，进退顾盼定五行。

歌诀六（即十三势歌）

十三总势莫轻视，命意源头在腰隙，
变转虚实须留意，气遍身躯不少滞，
静中触动动犹静，因敌变化示神奇，
势势揆心须用意，得来不觉费工夫，
刻刻留心在腰间，腹内松净气腾然，
尾闾中正神贯顶，满身轻利顶头悬，
仔细留心向推求，屈伸开合听自由，
入门引路须口授，功夫无息法自修，
若言体用何为准，意气君来骨肉臣，
想推用意终何在，益寿延年不老春，
歌兮歌兮百卅字，字字真切义无遗，
若不向此推求去，枉费工夫贻叹息。

歌诀七

极柔极刚极虚灵，运若抽丝处处明，
开展紧凑乃缜密，待机而动如猫行。

（五）打手歌

掤捋挤按须认真，上下相随人难进。
任他巨力来打吾，牵动四两拨千斤。
引进落空合即出，粘连黏随不丢顶。

（六）八字歌

掤捋挤按世间稀，十个艺人十不知，
若能轻灵并坚硬，黏随粘连俱无疑，
采挒肘靠更出奇，行之不用费心思，
果得粘连黏随字，得其环中不支离。
(果能轻灵并坚硬)

（七）杨班侯传太极拳九诀

1. 全体大用诀

太极拳法妙无穷，掤捋挤按雀尾生。
斜走单鞭胸膛占，回身提手把着封。
海底捞月亮翅变，挑打软肋不容情。
搂膝拗步斜中找，手挥琵琶穿化精。
贴身靠近横肘上，护中反打又称雄。
进步搬拦肋下使，如封似闭护正中。
十字手法变不尽，抱虎归山采挒成。
肘底看锤护中手，退行三把倒转肱。
坠身退走扳挽劲，斜飞着法用不空。
海底针要躬身就，扇通臂上托架功。
撇身捶打闪化式，横身前进着法成。

腕中反有闭拿法，云手三进臂上攻。
高探马上拦手刺，左右分脚手要封。
转身蹬脚腹上占，进步栽锤迎面冲。
反身白蛇吐信变，采住敌手取双瞳，
右蹬脚上软肋踹，左右披身伏虎精。
上打正胸肋下用，双风贯耳着法灵。
左蹬脚踢右蹬式，回身蹬脚膝骨迎。
野马分鬃攻腋下，玉女穿梭四角封。
摇化单臂托手上，左右用法一般同。
单鞭下式顺锋入，金鸡独立占上风。
提膝上打致命处，下伤二足难留情。
十字腿法软骨断，指裆捶下靠为锋。
上步七星架手式，退步跨虎闪正中。
转身摆莲护腿进，弯弓射虎挑打胸。
如封似闭顾盼定，太极合手式完成。
全体大用意为主，体松气固神要凝。

2. 十三字行功诀

(1) 十三字：掤，捋，挤，按，采，挒，肘，靠，进，退，顾，盼，定。

(2) 口诀：

掤手两臂要圆撑，动静虚实任意攻。
搭手捋开挤掌使，敌欲还着势难逞。
按手用着似倾倒，二把采住不放松。
来势凶猛挒手用，肘靠随时任意行。
进退反侧应机走，何怕敌人艺业精。

遇敌上前迫近打，顾住三前盼七星。
敌人逼近来打我，闪开正中定横中。
太极十三字中法，精意揣摩妙更生。

3. 十三字用功诀

逢手遇掤莫入盘，黏粘不离得着难。
闭掤要上采挒法，二把得实急无援。
按定四正隅方变，触手即占先上先。
捋挤二法趁机使，肘靠攻在脚跟前。
遇机得势进退走，三前七星顾盼间。
周身实力意中定，听探顺化神气关。
见实不上得攻手，何日功夫是体全。
操练不按体中用，修到终期艺难精。

4. 八字法诀

三换二捋一挤按，搭手遇掤莫让先。
柔里有刚攻不破，刚中无柔不为坚。
避人攻守要采挒，力在惊弹走螺旋。
逞势进取贴身肘，肩胯膝打靠为先。

5. 虚实诀

虚虚实实神会中，虚实实虚手行功。
练拳不谙虚实理，枉费功夫终无成。
虚守实发掌中窍，中实不发艺难精。
虚实自有虚实在，实实虚虚攻不空。

6. 乱环诀

乱环术法最难通，上下随合妙无穷。
陷敌深入乱环内，四两千斤着法成。
手脚齐进横竖找，掌中乱环落不空。
欲知环中法何在，发落点对即成功。

7. 阴阳诀

太极阴阳少人修，吞吐开合问刚柔。
正隅收放任君走，动静变化何须愁。
生克二法随着用，闪进全在动中求。
轻重虚实怎的是，重里现轻勿稍留。

8. 十八在诀

“掤在两臂，捋在掌中，挤在手背，按在腰攻，采在十指，挒在两肱，肘在屈使，靠在肩胸，进在云手，退在转肱，顾在三前，盼在七星，定在有隙，中在得横，滞在双重，通在单轻，虚在当守，实在必冲。”

9. 五字经诀

“披从侧方入，闪展无全空，担化对方力，搓磨试其功，歉含力蓄使，黏粘不离宗，随进随退走，拘意莫放松，拿闭敌血脉，扳挽顺势封，软非用拙力，掤臂要圆撑，搂进圆活力，摧坚戳敌锋，掩护敌猛入，撮点致命攻，坠走牵挽势，继续勿失空，挤他虚实现，摊开即成功。”

（八）郑悟清《太极拳之练法说明》

夫初练者，宜端正方向，以立根基。最忌粗心浮气，精神不属，眼不顾手，手不顾脚，此谓之盲练也。尤忌身形不活，手脚不随，即用猛力，处处夺力，而仅能显力者，此痴练耳。倘能平心静气，注目凝神，轻摇之以松其肩，柔随之以活其身，徐行之以稳其步。待至肩松身活步稳，然后镇头领气，以卫其力，力顺则气自通，气通则力自重。所学之法如是，练而习之，以期纯熟，则手眼步一致，心神气相同，自能臻自然而然之妙境矣。

跋 语

我与杨嵩春先生乃少年时代之同窗。其时学友杨君体质不如人意，我印象颇深。后来我俩分别转学北京与无锡。从通讯中得知，他的体质差到因病休学的程度。但多年后相遇，见其身体比少年时代健康多了，甚以为奇，问其故，君笑答：“得益于太极拳。”我又夙知，学友少年时代就喜爱练习书法，吾居京城多年，知其书作曾多次入选国家级展览馆展出。举凡中国历史博物馆、国家博物馆、中国人民革命军事博物馆，都有其作品入选参展，可见其作品不俗，否则难登大雅之堂。太极拳与书法都是我国民族文化之国粹，吾友将二者融会贯通修炼，更显相得益彰之效。我观其练拳，舒展大方、轻灵沉着、柔中寓刚、气韵生动，能给人一种赏心悦目之感，因而体悟到太极拳亦寓有美学之原理。故我曾专程从京赴如皋，向其学练定步套路太极拳，此套路是杨君为阴雨天在家锻炼而创编，因时间关系，我虽未学全，但遵循“松静自然”原则进行习练，已体验到太极拳的养生保健作用。今杨君电告，欲将此套路进一步提炼并付梓出版，我即表示赞同并愿为其出版助一臂之力。一方面此乃学友探讨研究太极文化养生之秘四十余年的心得，另一方面也是弘扬太极文化的益举。太极拳来自民间是我们民族之国粹，既需国家提倡，还需要民间有识之士共同发扬光大。吾感佩学友持之以恒的韧劲，写此短文以志其事。

符孟渔

2005 年 6 月写于北京

[跋语作者系原中国人权发展基金会教育培训中心主任]

附录

弘扬太极养生　倡导绿色保健

——记《原地养生太极拳》在长寿之乡的诞生和推广

杨嵩春同志是一位太极拳爱好者，对这项运动“情有独钟”，已坚持研习太极拳五十余年。他对太极拳也有个人的独特见解。他认为太极拳从广义上说，也属于体育健身养生的范畴，是动中求静、整体协调的和谐圆运动。它不同于日常所见的体操运动，也不属于一般意义上的柔软体操，更不

养生太极

图/文 记者 顾洪基

拳友推拳过招

年轻人也可以试一试

这对钻石婚夫妇每天的生活从太极开始

在全民健身月活动中，由市老年体协老年武术队队长杨嵩春研究创作的“八式养生太极拳”从众多的老年健身项目中脱颖而出，被体育总会作为老年人健身最基本项目进行普及和推广。

古稀之年的杨嵩春根据传统太极拳精义，结合自己长期练拳的实践及研究太极养生文化四十余载的心得，提炼浓缩，创编了“八式养生太极拳”，作为引导初学者与太极拳结缘的普及性套路，实现绿色保健养生。该套路在武当武术精英赛以及香港、杭州、台湾等地举办的国际传统武术赛中均获得单项金奖以及集体项目老年组金奖。

“八式养生太极拳”创编人杨嵩春

全民健身练太极

同于现代各项竞技体育项目；它也不是一般意义的拳术。太极拳蕴含精粹的哲理：动静结合，动中求静；柔中寓刚，刚柔相济；无过不及，随曲就伸。它是一项独具特色的养心、炼形、调气相结合的内外双修养生术，是有史以来东方民族文明逐步孕育而成的宝贵成果，是中华民族历代先贤集体智慧世代相传的结晶，是华夏民族传统遗产中的一颗瑰宝。但是在现实生活中，对此有深切体验者，恐怕为数还不多。

2012年11月16日 星期五 | 实习编辑：顾亚丽 QQ:1019413933　新民晚报 社区版 新如皋

古稀老人杨嵩春的太极之缘

引进落空、借力打人，周身须完整统一，动则俱动，静则俱静，劲断意不断，才能一触即发。牵引在上，运化在胸，储蓄在腿，主宰在腰，蓄而后发。一身须具备五张弓，才能做到蓄劲如张弓，发劲如发箭。劲以曲蓄而有余，周身之劲在于腿，发劲要专注一方，须认定准点，做到有的放矢。劲起于脚跟，由腿而腰而形于手指，须完整一气，不能有丝毫间断。

这就是我国博大精深的太极拳。在我市有这样一位老人，他已届古稀之年，却与太极结缘一生，他就是杨嵩春老人，本期《百姓》就让我们走近感受他与太极拳的不解之缘。

□实习记者 顾亚丽

A 偶然中的必然与太极拳的不解之缘

今年70岁的杨嵩春，是我市武术协会副主席、香港东方文化中心书画研究部理事。杨老自幼喜翰墨，青年时代即师从太极宗师傅钟文再传弟子周广涛习练传统杨氏太极拳，同时致力于研究太极养生文化40余年。

说起与太极拳的渊源，杨老抬起头，目光不禁悠远起来，他回忆，上个世纪60年代，3年的饥荒灾难，国家对粮食的限量供应以及环境的恶劣，让本就自幼先天不足的身体不堪重负。十七八岁瘦弱的杨嵩春在无锡上学，一次偶然的机会，在公园内看到有人在打太极，那看似柔美又圆润的动作不禁让他驻足观看许久。

后来，杨嵩春在上课之余，就潜心学习太极拳。在学习太极拳之后，他发现，原本虚弱的身体在打过太极拳后，变得强健起来，体质也好起来了。这样的收获不禁让他欣喜不已，后决定好好研习太极拳。

B “异类”世界的乐趣对太极拳的独到理解

那时，学习太极的人不是很多，精通太极的人更是凤毛麟角。杨老通过查阅各类资料，深入了解太极。杨老说，太极拳既精微巧妙又博大精深，是我们祖先智慧的结晶，是民族文化遗产中的瑰宝，是一代又一代的拳师探索和实践经验的积累，并与中华古老哲学相结合的产物。“太极拳是我国的无价之宝，是不可以用价值来衡量的。”杨老如是说。

太极拳是一门最讲求省力打人的艺术，所以借力打人、引进落空是太极拳最本质的特点。要掌握“四两拨千斤”的巧妙技艺，就是要懂得身法轻灵之理，以意运气，以意打人，久之则身法无所不合。一身之劲在于整，一身之气在于敛，身法能一一求对，轻灵自如，达到“一动无有不动，一静无有不静”，人一挨我，我在下即能得机，而在上即能得势，上下相随，前后左右无不得力也。能得机得势，乃能舍己从人；能知己知彼，才能因敌变化；能因敌变化，“引进落空，四两拨千斤”之技，才能出神入化。

杨老从太极拳中受益后，决定致力于研究太极拳的养生功效。杨老说，刚开始打太极时，不少人不能理解，认为是个“神经病”。但是，就是在别人眼中是“异类”的杨老，在太极中获得了人生中别样的乐趣。

C 低碳生活的典范长寿之乡的8式养生太极

杨老研究太极至今已有将近50年的历史，退休以来一直致力于养生太极的培训工作，在我市安定广场，每天早上都会看到杨嵩春老人的身影。

杨老说，原太极有85式，招式过多，很多初学者都觉得很难入门，甚至要记住每招每式的名称都很难。后来，杨氏85式的太极改编为24式，相较于以前的复杂招式，显得简单得多。渐渐地学的人逐渐多了起来，学太极拳也成为了一种流行和趋势。在我市学习太极拳的人群主要集中在50多岁，虽然太极拳已经化简到24式，但对于老年人，还是有一定的难度。后来，杨老决定将24式再做简化，即简化为8式。

杨老说，太极拳最主要的特点即圆形动作，太极的奥妙也在与用意不用力。杨老根据这一特点将24式太极改编为8式养生太极拳。改编的8式太极拳有一个显著的特色，即在一平方米内就能打太极拳。

杨老改编的8式养生太极拳得到了太极拳界的一致认可，在国内外的太极拳比赛中也获得了不少奖项。这一独具长寿之乡特色的太极拳，在2007年武当武术精英赛以及2009年香港、2010年杭州、2011年台湾等地举办的传统武术比赛中，均获得单项金奖以及集体项目老年组金奖。

说到8式养生太极，杨老说，现在都在提倡低碳生活，打太极拳正是这项号召最好的典范。希望全民加入打太极的行列，推广这项具中国特色的传统项目，推广中国的传统文化，让太极走进寻常百姓家。

太极拳源远流长，博大精深，如果认为只有数百年历史，或是无知，或是存在受利益驱使的偏见。因此，首先须识宝，其次须持之以恒地探宝，即透过其神秘的外衣，坚持练习，逐步理解其反映客观世界本质的科学内涵。如不能持之以恒，也将会半途而废。

杨嵩春同志退休后，在积极投身全民健身的大潮中，感到传统的太极拳应作为全民健身活动中的一个好项目来大力推广。太极拳的宗旨是：“道法自然”。通过动中求静、动静结合的运动方式进行自我调节，从而激发人体自身的潜能和免疫力，渐而逐步达到增强机体整体功能的效果。它从

“天人合一”的整体观高度上，调节人体的整体阴阳平衡，是真正意义上的绿色保健观。练习太极拳，可以使我们尽量避免吃药、打针或手术，不消耗能源，不污染环境，返璞归真，绿色养生。可以说，除了疾病急性发作阶段，无论男女老幼，皆可练习，所以它的适应人群也很广，是真正适合全民健身活动的一项好运动。但是由于太极拳的特点是节奏缓慢，年青人的性格与之不合，难以合拍，不易学好；对中老年人来说，动作繁多且处处走弧形，在学习上也有一定的难度，即使是简化二十四式太极拳，能顺利学完套路的也是少数，不少人学了一段时间后就打了退堂鼓。因此，在保留传统太极拳精义的基础上创编一套更适合中老年人学习的精炼套路是现实生活中的实际需要，也是进一步广泛开展全民健身运动的需要。基于这样的认识，他感到，现在退休了，在客观上已有闲暇时间做这方面的工作；在主观条件方面，在萌生创编原地养生太极拳时他已坚持研习传统太极拳四十余年，也积累了一些心得体会。关键问题是如何发挥主观能动性，尽快地实现既定目标。话好说，真正做起来实非易事。俗话说：事非经过不知难。但驽马十驾，功在不舍。既然定

了目标，接下来就需要脚踏实地去做。首先，他考察比较了当前社会上较常见的主要流派太极拳中的典型套路，分析各流派特点，

选择出典型拳式；其次，全面梳理、研习传统太极拳谱，重新学习、深究拳理并归纳出几条核心要义；第三，对主要的新编套路也逐一演练，并与传统架式比较，考察其异同之处；第四，广泛涉猎人体生理学、运动医学、体育医疗以及传统养生功夫方面的知识及典籍，包括儒、道、释、医与诸子百家等在内的中国古典哲学方面重要文献，力求在中国传统文化的大背景下考察和理解太极哲理的真谛，从而达到“化繁为简，简不失真”的目标。此项前期准备工作约一年多时间。在此基础上，又制订了具体目标和进度。具体目标是：科学化、通俗化，易学习、易推广。经过反复实践演练，并征求资深拳家及拳友意见，终于按既定目标，创编出《原地养生太极拳》，作为引导初学者与太极拳结缘的启蒙性的精炼套路。该套路共二十个拳式，除起式与收式外，只需记忆八个式子名称，动作左右对称，均衡练习，更符合人体生理要求。练习一遍需 6 分钟左右，功深后，时间还可延长。故简明易记、无场地要求、随时随地随兴可练，花时少、效率高为其主要特色。阴雨天在家庭客厅内或阳台上均可习练。身心疲劳时，运动几分钟，就会感到神清气爽，具有调节身心之效。

《原地养生太极拳》发祥于长寿之乡如皋并非偶然，它是在全国体育先进市的大氛围下诞生的，它与老年体协开展得红红火火的各项活动密不可分，它与如皋市武协承办的多次大型太极拳表演息息相关。长寿之乡爱好体育参与全民健身的人与日俱增。《原地养生太极拳》创编后，得到了市体育局、市总工会领导高度重视。2005 年 5 月，市体育局专门发文通知到全市各有关单位，举办了第一期试点培训班，

市老年体协领导也高度重视，2007 年与市武协联合举办培训班，从而吸引了一大批中老年人习练太极拳，进而投身到全民健身运动中来。为提高教学效果，杨嵩春同志还编写了教材，通过理论与实践相结合的方式培训，使学员开拓了视野，增强了学习信心，其效果明显地好于单纯地模仿跟练。在一般情况下，约需 15 课时，就能初步学会《原地养生太极拳》套路，但真正学好，还需要下功夫，需持之以恒地不断练习和体悟。“轻而不浮，柔中寓刚，松而不懈，缓中有韵”是进一步深入学习时追求的目标。这个追求过程可以说是学无止境的。在习练过程中要逐步去探求太极拳的轻灵圆活之趣。只要能持之以恒进行练习，定能会收获养生保健之硕果，逐步达到自然而然之妙境。为进一步扩大推广效果，他还争取机会，外出交流、表演或参赛。退休后十余年时间内，他先赴武当山，后又组建古稀队，先后参加香港、杭州、台湾、南通等地举办的传统武术比赛，以《原地养生太极拳》参赛，均获得单项及集体项目高龄组金奖。他认为获

奖与否并不重要，从套路创新到试点培训，逐步推广以及交流表演，表明创新之路的方向走对了。太极拳就是在不断创新中而逐步发展和丰富的。它是历代太极拳研习者心血凝聚而成的点滴经验不断积累而成的智慧结晶，是中华民族传统文明之瑰宝。研习太极拳并愿更多的人们共享中华传统文明之成果，是他人生的精神乐园。

朱俊（如皋市长寿研究会副会长兼秘书长）

朱阳（原如皋市总工会主席）

图书在版编目(CIP)数据

长寿之乡原地养生太极拳 / 杨嵩春编著. –北京：人民体育出版社，2017（2018.12.重印）
ISBN 978-7-5009-5080-6

Ⅰ.①长…　Ⅱ.①杨…　Ⅲ.①太极拳–基本知识
Ⅳ.①G852.11

中国版本图书馆 CIP 数据核字(2016)第 300025 号

*

人民体育出版社出版发行
三河兴达印务有限公司印刷
新　华　书　店　经　销

*

880×1230　32 开本　3.5 印张　65 千字
2017 年 4 月第 1 版　　2018 年 12 月第 2 次印刷
印数：5,001—7,000 册

*

ISBN 978-7-5009-5080-6
定价：22.00 元

社址：北京市东城区体育馆路 8 号（天坛公园东门）
电话：67151482（发行部）　　邮编：100061
传真：67151483　　邮购：67118491
网址：www.sportspublish.cn
（购买本社图书，如遇有缺损页可与邮购部联系）